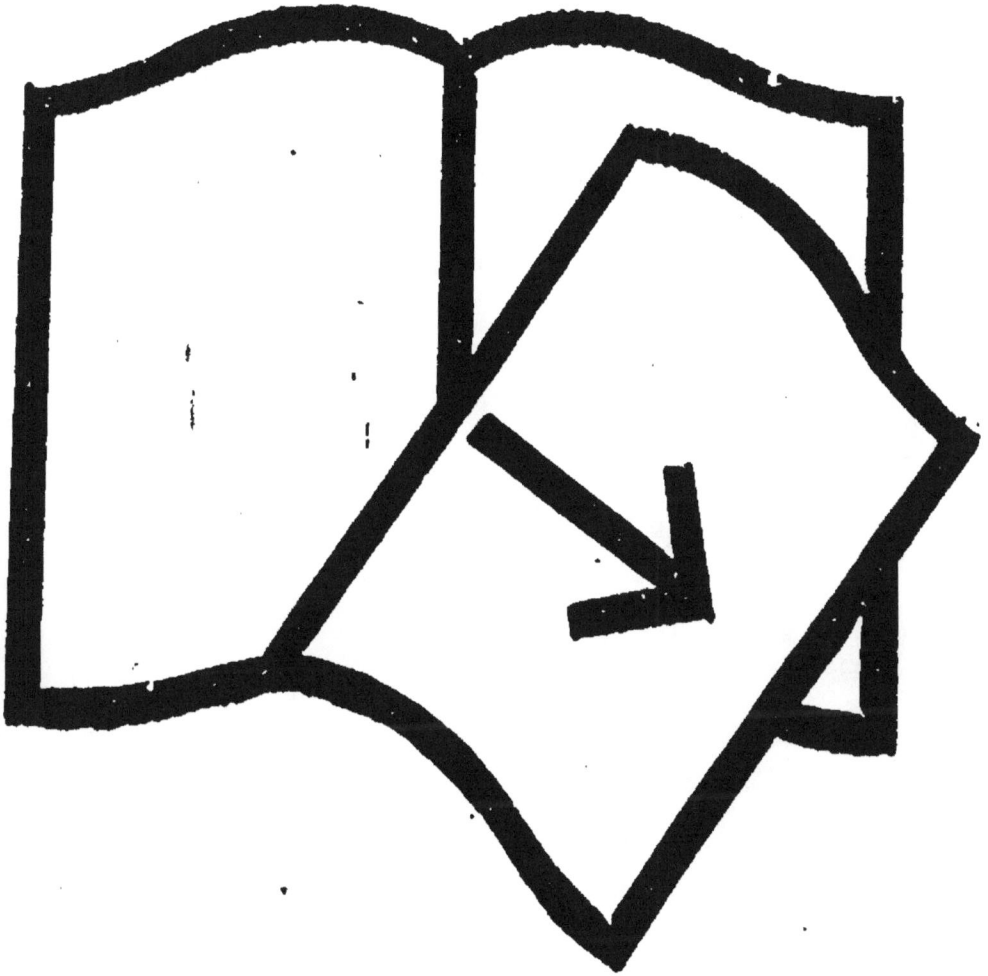

Couvertures supérieure et inférieure
manquantes

NOTRE-DAME DE CHÂTEAU.

NOTRE DAME DU CHATEAU

Légende

A mon vieux camarade Bernard,
instituteur au Grès.

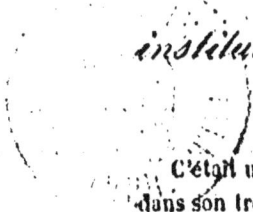

> C'était un beau vieillard, il vivait très-heureux,
> dans son très-modeste héritage.   (Charles Poncy.)

Mon cher Bernard,

Je dédie mon récit de la fête de Notre-Dame-du-Château à toi, l'homme simple par excellence, pour te prouver combien je garde le souvenir de notre enfance, et aussi parce que cette fête a quelque analogie avec tes goûts et ton caractère tout primitifs.

Te souvient-il, par exemple, de ces beaux jours d'école buissonnière où, avec GIBOUIN, nous trois, menant par la main son cousin, le jeune et frêle Gilles MOREAU, qui bégayait à peine *Rosa*, la Rose ; *Folium*, la Feuille, nous discutions, enfants, quelles seraient nos destinées ?

Gibouin mourut jeune, hélas !

Et plus tard, te rappelles-tu la nuit où je t'éveillai à deux heures du matin pour aller pédestrement aux Baux, et comment, nouveaux don quichottes, nous prîmes pour des géants les moulins à vent qui bordent la route de Laurade ? Te souvient-il que, comme Topaze, *si tu vas en orient, tu seras en occident,* nous nous trouvâmes à Barbantane à cinq heures tout étonnés, et quel gracieux accueil nous reçûmes de l'abbé Firmin, qui nous prouva par *A* plus *B* que ce n'était pas la peur, mais la providence qui nous avait fait tromper de route, puisqu'il éprouvait tant de plaisir à nous voir. Nous étions bien jeunes, et notre imagination se ressentait encore des contes de nos nourrices.

Qui nous aurait dit alors que ce jeune vicaire, si candide, serait décoré de la légion d'honneur ? Qui eut pensé que le jeune Gilles Moreau, notre vénérable curé défunt, serait un saint ?

Et que toi, mon vieil ami, tu serais un jour le modèle des instituteurs communaux ?

Cela est pourtant ;

Et voilà pourquoi je suis fier d'être ton ami.

P. R.

'O Tarascoun ! ô ma patriou ! yeou vooü canta toun pu beou jour !

(DUSSAU.)

'O Tarascon ! ô ma patrie ! je vais chanter ton plus beau jour !

C'est ainsi que Mr Dussau, ancien directeur de poste, commence son poème sur la fête de Notre-Dame-du-Château. Cette fête est digne, en effet, d'exciter l'imagination. Elle est fixée au dimanche qui précède les Rogations, c'est-à-dire au cinquième dimanche après Pâques. Elle arrive, cette année, 1866, le 6 mai.

Dans la semaine qui précède la fête, des sociétés de jeunes gens se forment; ils décorent des charrettes, les garnissent de rameaux de buis ou de pins, et les ornent de guirlandes de fleurs. Ils louent des ménétriers et font ample provision de comestibles : le confortable n'est pas oublié. Derrière chaque charrette est attaché un baril rempli de vin.

Pour ceux-là c'est la *Fête à Bacchus*. Quand on voit ces préparatifs et l'empressement des femmes à la boucherie, on croirait que la ville est menacée de famine. Aussi le Poète s'écrie-t-il :

Lou dissaté d'avant tout lou moundé es per horto,
Lei fumou ei charcutié courroun a plen dé porto.

TRADUCTION. — Le samedi d'avant, tout le monde est dehors, en mouvement, les femmes entrent en foule chez les charcutiers.

Ces préparatifs durent quelquefois jusqu'à dix heures du soir. Enfin, le jour tant désiré est arrivé! Il est trois heures du matin, le temps est beau, la nuit disparaît, et l'aurore commence. Le rossignol fait entendre ses chants dans les buissons d'aubépine; déjà, sur la route de Laurade qui conduit à l'ermitage de la Madone, un grand nombre de personnes de tout âge et de tout sexe se pressent et marchent en priant; un même désir les conduit, un même zèle les anime. Où va cette foule matinale?

Tel le pieux matelot traverse dès l'aube les rues désertes de Marseille pour arriver plus tôt à la montagne de la *Garde*, afin d'accomplir un vœu fait dans le danger; tels eux aussi, évitant le tumulte, ils vont gravir les premiers la colline de Notre-Dame-du-Château afin d'offrir à la Madone protectrice l'hommage de leur gratitude pour la santé d'un être chéri ou tout autre grâce obtenue dans l'année par son intercession. Chacun se fait un devoir sacré de la reconnaissance : les promesses faites à la mère de Dieu ne s'oublient point.

Pour tous ces pélerins c'est vraiment la *fête à la Vierge*.

Mais dans la ville pourquoi ces petites fenêtres s'ouvrent-elles avec tant de précautions? pourquoi ces jeunes filles apparaissent-elles si joyeuses en déshabillés du matin derrière leurs rideaux blancs? et pourquoi ces jeunes gens si bruyants vont et viennent dans les rues?

Ah! la journée sera bonne, car pour eux c'est la *fête aux amours*.

> Lou jour parei, lou souleou briou,
> Lou mouvamen es généraou.

.Traduction.- Le jour paraît, le soleil brille, le mouvement est général.

La petite cloche du Refuge donne le signal du départ; bientôt le bourdon de notre antique cathédrale Ste Marthe se fait entendre; les confréries des pénitents sortent des chapelles et viennent chanter un motet au petit oratoire de la Vierge au coin de la rue Lubière (*).

Il est cinq heures du matin : alors un mouvement général se fait dans toute la ville, les familles se réunissent, les véhicules sont attelés et sillonnent lentement le chemin de Laurade. La procession des pénitents est déjà loin, et les pieux pélerins du matin sont presque arrivés à l'ermitage pour assister à la première messe et offrir leurs vœux à la bonne Mère.

Bientôt après les charriots des jeunes gens sortent de la porte St Jean et des faubourgs, et avec eux des cavaliers galopent sur la route. Ces jeunes gens sont presque tous coiffés de chapeaux blancs, et ceux qui doivent faire partie des courses de la Tarasque ont une tasse d'argent suspendue à un ruban en bandoulière et un nerf de bœuf enrubané à la main. Ils traversent la foule des voitures qui vont au pas et leurs yeux disent

(*) C'est à ce coin de rue que MM. les prieurs, le premier mai, font planter un arbre qui prend le *nom du mois*.

aux jeunes filles : nous nous verrons là-haut à Font-château (1), et nous danscrons ensemble.

A leur arrivée tumultueuse à la montagne les pèlerins descendent et vont prendre un frugal repas sur l'herbe près d'une source, puis retournent paisiblement à la ville pour revenir le soir attendre la *Bénérade* (2) sous la croix couverte. Quand le cœur a souffert, quand d'amères déceptions ont détruit nos plus douces illusions, les plaisirs bruyants n'ont aucun attrait.

Notre-Dame-du-Château est un tout petit ermitage situé sur un mont de la chaîne des Alpines, à sept kilomètres de Tarascon et de St-Remy, à moitié chemin de ces deux villes ; elle est entourée de nombreux villages, des jolies petites villas ou masets et de quelques grands domaines, tels que Fontchâteau, Darmuran, Laurade et Pomeirol : ce dernier est la propriété de la famille de Gasparin.

Cette fête, très-pittoresque, attire beaucoup de monde : les véhicules se comptent par centaines. Les villes de Beaucaire, de St-Remy, d'Arles, d'Avignon même, fournissent leur contingent. Le naturaliste, l'archéologue, le savant, le poète, le simple curieux, y trouvent à exercer largement leur imagination.

Quoique le point de vue ne soit pas très-culminant, il domine une vaste et belle plaine qui s'étend jusqu'à la Durance, cultivée par petites parcelles en diverses céréales prêtant au sol qui les nourrit leur charmes et leur couleurs. On voit en face, au nord, la Montagnette (3), riche en plantes médicinales ; St Michel de Frigolet, séjour des Prémontrés, et dans le lointain, au nord-est, la ville d'Avignon et le château des Papes ; au levant St-Remy, l'antique glanum ; St Paul, le *Bedlam* de

(1) Le domaine de Fontchâteau appartient à MM. de Guibert de Beaucaire, qui de tout temps ont ouvert leur jardin aux visiteurs et se sont fait un plaisir de faire danser dans leur parc.

(2) La *Bénérade* veut dire, dans notre patois, la *Bienheureuse*, nom que les fidèles de Beaucaire donnent à Notre-Dame-du-Château.

(3) La montagnette que longe le chemin de fer est très-riche en arbustes et plantes médicinales.

Les religieuses de notre hôpital y vont herboriser et obtiennent d'excellents remèdes des racines, des fleurs et du suc de ses plantes.

la Provence, l'arc de triomphe romain et le mausolée
qui est tout près : car nous vivons en pleine histoire
romaine ici ; les deux tours féodales de Château-Re-
nard, le Lubéron, la Fontaine de Vaucluse, chantée
par Pétrarque, et fière de l'avoir possédé, enfin l'éter-
nel Ventoux, qui termine cette vue.

Au couchant on aperçoit Tarascon, sa Bastille, château du bon Réné, Ste Marthe, sa belle flèche ; et puis,
comme dit Mr Luchet, à droite, à gauche, outre ce grand
Rhône, des montagnes, des côteaux, des forêts, des
châteaux, de nobles ruines, des vignes, des roses, des
oliviers, des amandiers en fleurs, du thym, du romarin aux suaves odeurs ; une végétation nouvelle, des arbres géants, des plantes aromatiques, des souvenirs en
masse ; Beaucaire, sa belle tour triangulaire des malheu-
reux Montmorency : c'est toute une histoire.

Et si l'on gravit quelques petits monticules au midi
des Alpines devant l'ermitage, on découvre Arles, les
Baux (*), ville jadis célèbre par ses Comtes et Barons, et
illustrée de nos jours par le beau poème de Miréio,
antique cité qui ressemble aujourd'hui à un village ka-
bile, et qui pourtant attire encore les pas des voya-
geurs par le grandiose du site, par l'ancienneté de sa
fondation et l'importance du rôle qu'elle a joué dans
les annales du pays. (Jules Canonge-Histoire de la ville
des Baux.)   Tel est ce site.

Cependant, les innombrables véhicules sont arrivés
et s'éparpillent au pied de la montagne dans les ver-
gers ; d'autres arrivent encore des villages d'alentour
et débordent de toutes les avenues ; dans un instant le
sol est couvert de monde. On crie, on se cherche, on
se presse les mains, la joie est au cœur. Des essaims de
jeunes filles se préparent à gravir la colline ; les garçons

(*) Les *Baux*, ville détruite. — M. Mérimée dit en parlant des
Baux : J'ai vu sur une porte une boîte en fer-blanc où était écrit *poste
aux lettres*. Mais qui donc peut écrire aux Baux ? et c'est pourtant au
pied de la montagne des Baux que notre poète Mistral a pris sa belle
Miréiou, pour en faire l'héroïne de son célèbre poème provençal.
— MIREILLE. — Maillane, village où est né M. Mistral, est à 1 kilomètres au nord de Notre-Dame-du-Château.

suivent en riant et s'empressent d'arriver les premiers.

La clochette de l'ermitage s'agite ; alors chacun se hâte, se presse, et bientôt plus de dix mille personnes couronnent les hauteurs. La chapelle est trop petite pour contenir la foule : les trois quarts entendent la messe en plein air.

Les messes se succèdent, et ce n'est pas le moins curieux que cet empressement de la multitude. Ce va et vient continuel, cette foule immense montant et descendant la colline ; la hardiesse des jeunes gens, le tâtonnement des vieillards, les rires des jeunes filles, dont les têtes ornées de rubans or et azur ressemblent à des milliers de papillons, tout cela est charmant, délicieux à voir.

Les messes dites, chacun rejoint sa famille, ses amis, et le déjeûner commence.

La fine tranche de saucisson, le jambon et les radis, forment en général le menu de ce repas champêtre ; le gazon sert de table, l'air aiguillonne l'appétit.

C'est alors que Mrs les prieurs des pénitents, suivant un usage antique et touchant qui rappelle les agapes des premiers chrétiens, offrent à tous ceux qui veulent l'accepter, une tranche de saucisson et du pain. Cette large distribution se fait au pied d'une croix de pierre, sous un mûrier ; les femmes des prieurs en font les honneurs.

M. Dussau dépeint ainsi ce moment de la fête :

Tout à cousta dó la buvettou,	Offroun la trancho et la lesquotto,
Loï prcou aussi soun prôvónòn ;	A seïs amis, à tout vónòn.

TRADUCTION : —— Tout à côté do la buvette les prieurs aussi sont obligeants ; ils offrent la tranche et la lesquotto (*morceau de pain*) à leurs amis et à tout venant.

Après le déjeûner la cornemuse aux cris aigus donne le signal de la danse.

Le fluide électrique ne produit pas une commotion plus prompte : les jeunes gens se dressent, les fillettes se mêlent à eux, et la gracieuse farandole commence.

Mais bientôt les sons du tambourin, les chants du violon, les roulements du tambour étouffent les cris de la cornemuse. Alors la danse s'anime, les farandoles se multiplient et se croisent en tous sens, formant mille dessins variés autour des oliviers et des amandiers fleuris. Les Tarasconnais excellent dans cette sarabande, nul ne peut les surpasser.

Tandis que la jeunesse danse, les hommes plus mûrs et les vieillards restent à table, discourant gaiement; quelques-uns vont prier la Madone.

Écoutons encore le poète :

En bas dansoun la farandoulou,   Et su la gayou férigoulou,
A l'ermitagé prègoun Dieou,   Chascun fricotou dé soun niëou.

TRADUCTION : —— En bas on danse la farandole, à l'ermitage on prie Dieu, et sur le thym joyeux chacun se régale.

Ces quatre vers expriment au mieux la situation.

Les farandoles terminées, on parcourt le site ; on visite Fontchâteau, ravissant séjour au pied de la colline; le vallon de Darmuran où coule une eau de cristal et dont les frais ombrages, embellis nouvellement par une fraîche cascade du Canal des Alpines, rappellent de tendres souvenirs. Arrivés là, insensiblement les groupes se forment, les amants se réunissent; les jeunes époux, mariés dans l'année, remarquent la place où ils soupirèrent pour la première fois : car tout est souvenir dans ce lieu de délices.

Les vers que firent autrefois Barthélemy et Méry au château des Aygalades à Marseille, peuvent aisément s'appliquer ici.

Le cri de la cité lointaine   D'arbres taillés en nefs gothiques ;
A nos pieds meurt en arrivant,   Le sage y trouve un doux accueil ;
Nous n'entendons que la fontaine   On goûte en ce lieu solitaire
Et le pin qu'agite le vent.   Tout le calme du monastère,
C'est un cloître aux mouvants por- Bâti sur l'orageux écueil.
                            tiques

Et puis la vie a deux banquets pour le poète ermite, la coupe de Nectar et le breuvage amer de Fontaignan (*) nous l'apprend ; il a pris pour limite : à l'Orient, l'eau douce ; à l'Occident, la mer.

Mais il faut revenir sur nos pas et quitter ces lieux enchantés, car Mrs les Prieurs de Notre-Dame-du-Château descendent la montagne : le dîner est servi.

Jolie fête, en vérité, où l'on n'a pas le temps de s'en-

(*) L'endroit des Aygalades où sont ces vers s'appelle Fontaignan.

muyer. Nos bons aïeux, en l'instituant, semblent avoir
tout prévu.

Les Prieurs de la Madone font les choses grande-
ment; ils ont parfois jusqu'à cinquante invités, parents
et amis. C'est à la villa (1) de l'un des deux ou de quelque officieux voisin que le festin se donne.

Pour ceux qui aiment véritablement la fête (et c'est
le plus grand nombre) ils préfèrent dîner sur la pe-
louse. L'heure du confortable a sonné; ce n'est plus
le menu frugal du matin. L'aloyau sans pareil à la pro-
vençale; le dinde rôti, le succulent gigot de mouton;
la salade aux fines herbes; au dessert, les oranges,
les biscuits et les vins généreux à profusion, rien n'est
oublié. L'air embaumé de la montagne, les senteurs
vives du thym, du romarin, de la lavande, font trouver
les mets exquis.

Le silence qui règne à la ronde n'est interrompu que
par le choc des verres : car, en ce moment, parmi ces
milliers de dîneurs, l'appétit domine tout. Vers la fin
du gala, on jase, on caquette, la joie déborde, les toast
se succèdent : tout ce peuple ne forme plus alors qu'une
seule famille.

A la villa de Mrs les Prieurs, la joie est tempérée par
la présence de Mr le Curé et autres prêtres. Nos poëtes
provençaux sont parfois invités à ces réunions. Mistral, Désanat, Aubanel, Roumanille, ont souvent égayé
de leur verve ces repas champêtres.

Les estomacs pleins, le cerveau monté, on recommence de plus belle les danses, la farandole. Les rangs se
confondent : la grande dame (2) coudoie le fils de son
fermier, la villageoise rivalise avec l'élégante artisane
de la ville. Ici, liberté entière, épanchements naïfs de
la plus franche gaieté.

Des salles rustiques sur le gazon sont disposées pour
la contre-danse régulière. L'étiquette est bannie : cha-

(1) Nous disons *maset* pour *villa*. Le vallon de Notre-Dame est en-
touré de ces maisons de plaisance. Le délicieux châlet suisse de
MM. Bonnet frères, négociants, mérite une mention.

(2) Il y a plaisir à voir nos grandes dames quitter leurs réunions
pour se mêler aux danses.

cun cède à son goût. On est surpris du tact avec lequel les jouvençaux de la campagne remplissent leur rôle auprès de nos dames. Ces jarrets de fer, ces bonnes mines, cette vigoureuse jeunesse sous ce ciel d'azur rappelle les beaux jours de Rome et d'Athènes.

Tout-à-coup, les francs buveurs que nous avons vus partir le matin apparaissent sur la scène en chantant au milieu des marchandes d'oranges, de gimblettes et de tortillades. Ils réjouissent la foule par leur joyeux propos, leurs folles saillies. Il est arrivé que les officiers de la garnison se sont mêlés à eux pour accroître l'hilarité. Une fois, ces Messieurs accaparèrent toutes les oranges; ils en firent cadeau aux dames, puis en jouèrent à la petite guerre.

Les chanteurs redisent après Méry :

Laissons notre ville inhumée
Dans son noir linceul de fumée ;
Ici notre azur est si beau !

L'air est si léger dans l'espace,
Qu'on ne sent pas l'heure qui passe
Et nous pousse vers le tombeau !

Tous ces bruits, ces jeux, ces refrains, le choc des verres, les vins capiteux qui coulent à flots exaltent les têtes, et Mr Dussau s'écrie :

Leï pu sagé devènoun fouï,
Lou sito est bèou ; dessu l'herbétou
Chascun esprouvou dé plési :

N'entendé qué dó cansounétou,
Dó roussignou et d'air chousi.

TRADUCTION. — Les plus sages deviennent fous, le sito est beau, assis sur l'herbe chacun éprouve du plaisir ; on n'entend que le rossignol qui chante des airs choisis.

Où êtes-vous, ombres joyeuses : Mablan, Raget, De Marin, Rousseau, De Preigne, Coye, Nicolas, Bureau, Pons, Privat, gais boute-entrain de ces joyeuses fêtes? Vos cendres tressaillent au retour de la cornemuse, aux fêtes de Pentecôte, aux courses de la Tarasque. Mais c'était surtout à Notre-Dame-du-Château que votre présence était le signal du plaisir.

Il est onze heures : la cloche de l'ermitage s'agite pour la dernière fois ; elle annonce aux habitants du Grès que la Vierge protectrice va quitter sa rustique chapelle pour quarante jours. La bannière se montre sur le faîte de la colline. Aussitôt, comme par enchantement, les divertissements cessent, les airs de l'orchestre expirent; les ménétriers ont fini leur matinée; la cornemuse seule continue la sienne : elle ouvre la marche.

La procession descend lentement la montagne, la petite statue antique de la Vierge est portée, d'abord, sur les bras de chaque Prieur, remise à leurs proches, puis cédée aux fidèles. On se presse, on se hâte. Mille voix saluent de leur vival Marie à son passage. Un brancard caché sous les fleurs et surmonté d'un bouquet de cocons nouveaux, attend la Madone sur le piédestal de la croix de Fontchâteau, au bas de la montagne. La statue déposée sous son brancard odorant, le prêtre donne la bénédiction, et la procession s'achemine à St-Etienne-du-Grès (*), au bruit du tambour, au son du fifre et de la cornemuse. Les chants mélodieux des jeunes filles montent au Ciel en préludant de nouveaux cantiques à leur Reine.

Alors, dit le Poète :

Vésé l'armadou |Aprè dous brou dé faraudoulou
Quó roun seï rèn, formou dous cor ;|Leï moustardié à seï capeou
Leïs un suïvoun la Bénéradou, |Méloun dó flour dé férigoulou,
Leïs aoutré réviroun dó bor. |Partoun ou son dó lagadèou.

TRADUCTION. — Je vois l'armée qui rompt ses rangs, forme deux corps : les uns suivent la Bienheureuse et les autres virent de bord. Après deux brins de farandole, les francs buveurs posent des fleurs de thym à leurs chapeaux et partent au son de *lagadèou* (air du roi Réné.)

Le branlebas commence : la fête est terminée à la campagne. L'émulation s'empare de la foule en délire : c'est à qui partira le premier. En moins d'une heure le site est désert. On voit dans toutes les avenues, sur tous les points, les voitures et les charrettes retourner à la ville ; la route est encombrée de Laurade à Tarascon.

Cependant la procession arrive à St-Etienne-du-Grès et entre à l'église ; elle ne repartira qu'après les vêpres.

Nous touchons à la deuxième partie du programme de cette fête unique, c'est l'arrivée des voitures à Tarascon.

(*) SOUVENIR. — Le respectable curé de ce petit hameau, M. Mège, n'a jamais voulu quitter son modeste presbytère, quoique de grands honneurs lui fussent offerts; lors de l'inondation de 1840, il a été décoré pour son dévouement.

Despieï la mountagnou à la vilou
La route semblo un fourniguié,
Leï carretou toutes en filou,
Couroun émé leï cavayé.

Su leï cousta la populaçou,
Émé leïs enfans faï camin,
Quaou sé poussou, quaou sé tabassou,
Aco durou jusqu'eï moulin.

TRADUCTION. — De la montagne à la ville, la route ressemble à une fourmilière, les charrettes courent pêle-mêle avec les cavaliers, et sur les côtés la populace avec les enfants font leur chemin. On se pousse, on se topote, cela dure jusqu'aux moulins (c'est-à-dire jusqu'aux abords de la ville.)

Dès l'après-midi, les promeneurs se portent sur le chemin de Laurade près des Casernes et du Viaduc du chemin de fer jusqu'aux moulins à vent. Une foule de femmes s'asseyent sur les bords gazonnés de la route. Aux alentours, des tentes sont dressées pour les rafraîchissements. De tous côtés se forment de nombreux groupes.

Un usage antique, dont l'institution est due au bon Roi Réné, ce Henry quatre de la Provence, et qui donne un cachet original à cette fête, c'est la Bravade, espèce de confrérie guerrière composée de Marins et de Charpentiers. La bravade figure à Notre-Dame-du-Château et aux courses de la Tarasque. Elle a le privilége de jouer de la Pique et du Drapeau, et de tirer des coups de fusil aux sons cadencés du fifre avec accompagnement du tambour et détonations répétées d'armes à feu.

Les jeunes Mariniers et Charpentiers formant la bravade sont placés en sentinelle au dernier moulin ; ils guettent l'arrivée de la procession, tout en s'entretenant la main par leurs exercices.

Quatre heures sonnent. La multitude augmente, Beaucaire, les villages affluent : la circulation s'encombre. Il ne reste dans nos deux villes que les infirmes et les vieillards caducs : tous sont accourus pour attendre la Bénérade.

Là reparaissent les marchandes d'oranges, de gâteaux et de tortillades, qui s'égosillent et vous assourdissent. Dans ce brouhaha les pèlerins du matin s'acheminent lentement à travers la foule ; ils vont au-devant de la Vierge briguer l'honneur de la porter les premiers.

Cependant les véhicules, grands et petits, approchent. Voyez-les pavoisés de petits drapeaux, garnis de fleurs de thym et de verdure. Pour éviter les accidents, les chevaux sont mis au pas. Les suppôts de Bacchus viennent les derniers ; ils s'arrêtent à tout moment pour vider la barrique.

Voici comment M. Dussau en parle :

Rèn dé tan goï, rèn dé tan drolé | Leïs estoupin et leï chamadou
Qué l'intradou di souflou-mous ! | Qué suivoun leï co dé fusicou,
Aqui chascun jogou soun rôlé, | Vous fan l'effè d'une *abrivadou,*
Ou cris dé prénè garde à vous ! | Et maï qué d'un piquoun d'ou quicou,

TRADUCTION. — Rien de si gai, de si drôle que l'entrée des ivrognes ! Chacun joue son rôle aux cris de : Prenez garde à vous ! les quolibets et les cris que suivent les coups de fusils vous font l'effet d'une arrivée de taureaux (*abrivadou*), et plus d'un tombent par terre.

N'oublions pas de dire, pour être exact, que, pendant ce désordre, les amoureux des deux villes, qui le matin se sont vus à Darmuran, à Fontchâteau, sous prétexte d'éviter les éclaboussures, vont se promener à l'écart, et jouissent ainsi sans obstacle du plaisir si doux, mais si court, hélas ! d'être en tête-à-tête avec ce qu'on aime. Ce sont les premiers élans du cœur ; c'est la tendre naïveté : la passion coupable se cache, ne se montre pas ici.

Toutefois, les confréries des pénitents se rassemblent près de l'oratoire du mas de Louis d'or, abrité par un tamaris séculaire, le seul qui existe dans nos environs.

Il est six heures ; la Madone est sur le point d'arriver.

Maï ques aco?..... es la bravadou | Qu'espinchou sé la Bénéradou
Quiadou sus un moulin; | Pounchéjou pa su lou camin.

TRADUCTION. — Mais qu'est-ce? c'est la bravade montée sur un moulin qui guette si la Vierge n'apparaît pas sur le chemin.

Tout-à-coup une détonation plus forte que les autres se fait entendre : c'est la Bravade qui a fait une décharge générale ; elle a aperçu au loin la bannière.

La Vierge arrive, valeïci. — Voici la Vierge qui arrive (*).

Peuple, accours vers ta Reine, entonne des cantiques,
Fais raisonner les airs de tes chants magnifiques,
    Célèbre la mère des cieux ;
Pour nous vient de briller le plus beau jour de fête,
Peuple, réjouis-toi ; Tarascon, ceins ta tête
    Des ornements les plus précieux.   (M. G.)

Aussitôt, par un mouvement spontané plus prompt que l'éclair, la foule entière se précipite au-devant de la procession. Tous les amusements s'arrêtent, le plus religieux recueillement succède à ce bruit étourdissant. On accourt de toute part auprès du dais fleuri. Chacun brigue l'honneur de porter au moins un instant la statue vénérée.

Ceux qui ne peuvent parvenir à l'atteindre, le saisir, se précipitent à genoux, implorant au passage la bénédiction de la Vierge.

(*) Les étrangers qui voient cette fête pour la première fois sont stupéfaits de ce changement si subit au mot magique *valéici*, la voici !

Le brancard, pris à l'assaut et balancé en tous sens sur ces milliers de têtes mobiles, ressemble au vaisseau soulevé par les vagues, poursuivant sa route et commandant aux flots.

Ce spectacle inouï pénètre l'âme; on ne peut rester insensible à ce pieux élan; l'émotion ne saurait se contenir à la vue de cet enthousiasme de la foule. On suit la presse à son insçu, et l'on ne peut contenir en soi cet aveu : O Mon Dieu! que la religion catholique est belle!

Cette marche, ou plutôt ce triomphe se prolonge jusqu'à la Croix Couverte. monument antique construit exprès pour y déposer la Madone en attendant l'arrivée des prêtres et des Prieurs qui doivent venir la chercher.

La Bravade alors entoure la Croix et recommence ses jeux.

Le tambour bat, le Drapeau bleu et blanc (1) est manié avec grâce; il flotte, tournoie dans l'air, puis autour du corps du jeune marin qui semble le multiplier. Tantôt il le lève autour de sa tête et s'en fait une auréole; tantôt il le lance en haut et le saisit adroitement. Enfin, ces poses variées se terminent par le grand salut à la Vierge.

Sur un ton plus grave, la Pique en bois de frêne, souple et légère, est balancée de mille façons variées par un vigoureux charpentier qui s'en sert avec adresse et la fait voltiger autour du cercle étroit formé par la population impatiente de voir terminer ces jeux.

Mais les Prieurs arrivent; l'officiant monte à l'autel pour donner la bénédiction. A ce moment solennel, les boîtes tonnent, les tambours battent; tous les fronts s'inclinent, tous les genoux fléchissent, et dans le plus profond silence le peuple attend la consécration de ses vœux.

Après la bénédiction Mrs les Prieurs mettent le brancard sur leurs épaules et la procession entre à rangs pressés par la Porte St Jean, qui, quoique large, ne peut recevoir l'affluence. On se coudoie. on se pousse, c'est une vague soulevée qui se précipite. Tous veulent approcher de plus près l'oratoire nouvellement construit à neuf, où est momentanément déposée Notre-Dame-du-Château. Les dames des Prieurs prennent alors la statue entre leurs bras, la portent dans la maison attenante à la chapelle, la dépouillent de ses habits de voyage pour la parer de ses plus beaux atours (2.)

(1) Les couleurs de la bravade sont le bleu et le blanc. Celle des chevaliers de la tarasque est le rouge avec un lizéré bleu.

(2) La petite statue a autant d'habits ou manteaux qu'elle peut en changer tous les jours pendant son séjour à la ville, c'est-à-dire quarante.

En même temps, les Prieurs vont prendre leur belle toilette de cérémonie pour faire honneur à la fête : car ils sont les héros du jour.

Voici la Vierge revêtue de son plus riche habit, parée de ses plus précieux joyaux. L'or, les rubis, les émeraudes étincellent sur son manteau ; une petite couronne en diamants orne sa tête. Ce n'est plus l'effigie modeste de Marie aux champs, c'est l'image resplendissante de la Reine des Cieux.

Le signal est donné : la procession prend avec ordre le chemin de Ste Marthe par la rue St Antoine. La petite clochette de la montagne et la cornemuse sont en tête ; les tambours de St Roch et de St Christophe les suivent de près en battant leur marche respective. La Bravade précède le défilé et reste hors des murs de l'église ; elle ne cesse de faire des décharges de mousqueterie. L'orgue joint sa majestueuse voix à tous ces bruits ; le bourdon de la cathédrale et toutes les cloches sont en branle ; les fidèles entrent à flots serrés.

La Vierge portée en triomphe sur les épaules des Prieurs, fiers d'un tel fardeau ; à côté d'eux, leurs épouses mises comme des mariées et parées d'un superbe bouquet, pénètrent avec le clergé, les derniers dans le temple. En peu d'instants la vaste basilique ne peut contenir tout ce peuple, ivre de joie et d'amour.

Les jeunes filles et les chœurs d'hommes font entendre, chacun, leur dernier motet, et la bénédiction solennelle du St Sacrement termine cette journée mémorable.

Tarascon,   avril 1866.

P. R.

Telle est en quelques mots cette fête qui se renouvelle chaque année avec le même cérémonial, le même enthousiasme. Malgré les vicissitudes de ce bas monde, malgré les mauvaises récoltes, les inondations, les troubles politiques, elle reste immuable depuis son institution, tellement la confiance en Marie est gravée dans les cœurs tarasconnais.

✝

LÉGENDE.

Mⁱ Faillon, de Tarascon, savant Sulpicien, dans son histoire archéologique de S¹ᵉ Marthe, dit, en parlant de Notre-
Dame-du-Château que cette petite statue fut apportée de
Briançon par un ermite nommé Imbert. Ce religieux en fit
don au chapitre de S¹ᵉ Marthe qui lui consacra une chapelle.

Cette chapelle se trouvait à la rue du Château, probable-
ment où était précédemment le tribunal de Commerce, ou
peut-être à la maison de M⁵ Audibert de Tonelle. Cette rue
du Château était habitée exclusivement par les Juifs ; les
prières que le peuple y fesait à haute voix chaque soir, les
litanies qu'ils chantaient, les importunaient. Ils proposèrent
donc aux autorités de la ville et au chapitre de S¹ᵉ Marthe de
faire construire une chapelle à tel endroit qu'il leur plairait
d'ordonner pour y transporter la belle Briançonne, ainsi qu'on
l'appelait alors. Cette proposition fut acceptée, et la chapelle
fut construite en 1431.

Le chapitre décréta le jour de la fête, et plus tard le bon
Roi René en régla le cérémonial et changea le nom de belle
Briançonne en celui de Notre-Dame-du-Château, soit à cause
de la rue qu'elle avait habitée, soit pour lui dédier le Château qu'il avait tout récemment fait construire.

Cette statue a été conservée dans la tourmente révolution-
naire par la sœur du poète, M⁽ˡˡᵉ⁾ Dussau, comme les reli-
ques de S¹ᵉ Marthe nous furent sauvées par M⁵ Renaud, alors
curé de cette paroisse.

M⁽ˡˡᵉ⁾ Dussau préserva aussi d'autres objets rares ou précieux qu'elle rendit au culte quand les églises furent libres.

Comme toutes les Madones, Notre-Dame-du-Château pos-
sède un petit trésor provenant des dons des fidèles ; on la
pare chaque jour d'un vêtement nouveau pendant les six se-
maines qu'elle séjourne à Tarascon. Ce sont de pieuses femmes qui ont ce soin.

Nous ne terminerons pas sans mentionner une pauvre
aveugle qui, depuis quarante ans, pendant le séjour de la
Madone à la ville, va réciter, chaque soir, les litanies de la
Vierge à l'oratoire de la rue Lubière. Le nom et l'œuvre de
cette fervente chrétienne resteront attachés à la légende : on
l'appelle Catherine Jacquet.

Tarascon-sur-Rhône, AUBANEL, impr.

www.ingramcontent.com/pod-product-compliance
Lightning Source LLC
Chambersburg PA
CBHW061807040426
42447CB00011B/2529